ARIANE FREITAS & JESSICA GRECCO

O LIVRO do bem

Coisas para você fazer & deixar seu dia mais feliz

por

indiretas do bem

GUTENBERG   3ª edição 8ª reimpressão

Copyright © 2014 Ariane Freitas
Copyright © 2014 Jessica Grecco
Copyright © 2014 Indiretas do Bem
Copyright © 2014 Editora Gutenberg

Todos os direitos reservados pela Editora Gutenberg. Nenhuma parte desta publicação poderá ser reproduzida, seja por meios mecânicos, eletrônicos ou em cópia reprográfica, sem a autorização prévia da Editora.

EDITORA RESPONSÁVEL
Silvia Tocci Masini

EDITORAS ASSISTENTES
Carol Christo
Nilce Xavier

ASSISTENTE EDITORIAL
Andresa Vidal Vilchenski

REVISÃO
Eduardo Soares
Lívia Martins

ILUSTRAÇÕES
Ariane Freitas

CAPA
Diogo Droschi

DIAGRAMAÇÃO
Carol Oliveira
Diogo Droschi

Dados Internacionais de Catalogação na Publicação (CIP)
Câmara Brasileira do Livro, SP, Brasil

Freitas, Ariane
 O livro do bem : coisas para você fazer e deixar seu dia mais feliz / Ariane Freitas, Jessica Grecco. – 3. ed.; 8. reimp. – Belo Horizonte : Editora Gutenberg, 2018.

ISBN: 978-85-8235-211-3

1. Autoajuda 2. Autoconhecimento 3. Diários 4. Encorajamento (Psicologia) 5. Livro de frases 6. Livro interativo I. Grecco, Jessica.

14-11085   CDD-158.1

Índices para catálogo sistemático:
1. Autoajuda : Autoconhecimento 158.1

A **GUTENBERG** É UMA EDITORA DO **GRUPO AUTÊNTICA**

São Paulo
Av. Paulista, 2.073, Conjunto Nacional,
Horsa I, 23° andar, Conj. 2310-2312
Cerqueira César . 01311-940
São Paulo . SP
Tel.: (55 11) 3034 4468

Belo Horizonte
Rua Carlos Turner, 420
Silveira . 31140-520
Belo Horizonte . MG
Tel.: (55 31) 3465 4500

Rio de Janeiro
Rua Debret, 23, sala 401
Centro . 20030-080
Rio de Janeiro . RJ
Tel.: (55 21) 3179 1975

www.editoragutenberg.com.br

gente que
merece todo o
nosso carinho

Somos gratas a tanta gente que nem caberia nesta página: mais de seis milhões e meio de pessoas, para sermos mais específicas. No entanto, desses milhões de pessoas, algumas tiveram uma proximidade especial e essencial para que este livro se tornasse real, e nosso sonho de ver sorrisos se espalhando por aí fosse além da internet. À Alessandra Gelman Ruiz, que nos apresentou à incrível equipe da Editora Gutenberg com o coração aberto e muita confiança no nosso trabalho, mesmo quando planejamos prazos loucos e criamos ideias mirabolantes em meio à correria. À Bruna Vieira, que é nossa amiga de longa data e colocou a Alê em nossas vidas, tornando-se assim um pouco madrinha do nosso projeto. Aos nossos amigos, que aguentaram o tranco junto com a gente e perdoaram nossas eventuais ausências sempre com muito amor. E a Débora Cavalcante Queiroz de Freitas, Marcos Aurélio Riul de Freitas, Tainá Queiroz de Freitas, Adiene Martinez Grecco, João Ezequiel Grecco e Breno Oliveira, por serem as melhores famílias do mundo e acreditarem em nós o suficiente para nos darem apoio desde o começo da nossa mudança de vida, ainda sem terem certeza do que estávamos fazendo. E muito obrigada a todos que um dia já curtiram, comentaram ou compartilharam uma indireta do bem nas redes sociais e inspiraram a gente a seguir em frente espalhando amor. Nossa vida é um reflexo do carinho de vocês. ♥

Escreva uma linda dedicatória, mesmo que seja para você!

Este livro é
um pedacinho de...

3 x 4

Nome:

MODO DE USAR

Este livro foi criado para ajudar você a fazer coisas boas e bonitas. Leia com carinho cada tarefa, interprete-a à sua maneira e vá preenchendo as páginas aos pouquinhos, de coração aberto, como você quiser. Não precisa ter pressa e nem se preocupar com a ordem: faça tudo como tiver vontade. Arrisque-se, experimente e compartilhe nas redes sociais com a tag #livrodobem para que todo mundo possa ver como você está deixando seu dia mais feliz.

Vamos todos sorrir juntos :)

sumário

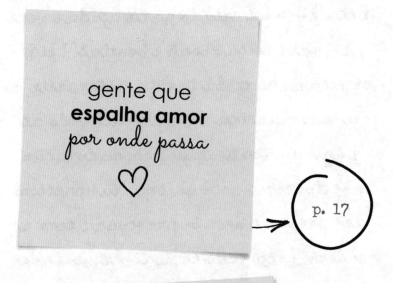

gente que **espalha amor** *por onde passa* ♡

p. 17

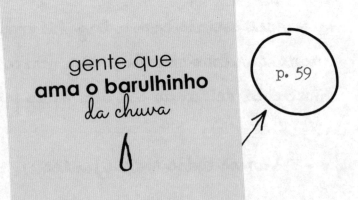

gente que **ama o barulhinho** *da chuva*

p. 59

gente que **relembra os** *momentos felizes*

p. 101

gente que **sorri até com o** *coração partido*

p. 141

Gente que **ajuda a gente a esquecer dos** *problemas*

p. 183

GENTE QUE encurta distancias COM UM SORRISO.

nossos no chão

O MELHOR DE todos nós.

GENTE QUE ama ESCOLHER Lingerie

GENTE QUE inspira Coragem NA GENTE.

gente que sabe fazer BONS DRINK.

gente valoriz Bilhet ESCRITOS a MÃO.

gente que sonha ... ATÉ ACORDADA.

MIX DO BEM

GEN nu DES DE VI seus SONHOS

GENTE QUE ama preparar playlists

GENTE QUE acredita NO IMPOSSIVEL.

gente que SEMPRE QUIS SER Super herói

Diário

GENTE QUE ama CORUJA

gente que...

gente que
espalha amor
por onde passa
♡

Músicas para espalhar amor por aí

* LOVE TODAY | mika
* ARE YOU GONNA BE MY GIRL | jet
* YOU'VE GOT THE LOVE | florence + the machine
* MAPS | yeah yeah yeahs
* I BET YOU LOOK GOOD ON THE DANCE FLOOR | arctic monkeys
* HEAVY CROSS | the gossip
* FEEL SO CLOSE | calvin harris
* (IF YOU'RE WONDERING IF I WANT YOU TO) I WANT YOU TO | weezer
* MR. BRIGHTSIDE | the killers
* LITTLE TALKS | of monsters and men
* IT'S TIME | imagine dragons
* SOME NIGHTS | fun.
* I LOVE IT | icona pop
* DON'T TRUST ME | 3OH3
* I KNEW YOU WERE TROUBLE | taylor swift
* I WANT IT THAT WAY | backstreet boys

Espalhe ♡
AMOR
POR ONDE VOCÊ
♡ for

gente que

....

....

....

indiretas
do bem

↑

*Escreva uma indireta
do bem que você sempre quis
mandar para alguém!*

Anote aqui as 5 primeiras músicas com a palavra **AMOR** *que vierem à sua cabeça:*

♡ ....

♡ ....

♡ ....

♡ ....

♡ ....

(Vale em outras línguas também!)

Faça mais o que te faz feliz!

Escreva aqui nesta
página aquilo que
mais inspira você.

Assuntos que me interessam:

Telefone para alguém que você ama muito e converse por alguns minutos.

Nome: _____

Tel.: _____

Sorvete é a felicidade geladinha!

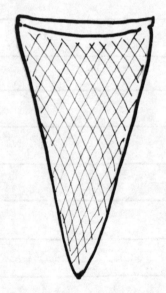

Desenhe aqui
seu sorvete preferido.
(Mas rápido, antes
que ele derreta!)

Liste aqui seus sites e blogs favoritos para nunca esquecer! Compartilhe com a tag #livrodobem e indique para que outras pessoas possam conhecer também

Ações dizem mais do que palavras

Anote frases soltas que você ouvir nas conversas alheias

Leve este livro para dar uma volta

Conte nestas linhas uma história inacreditável para seu eu do futuro!

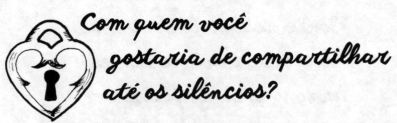

Com quem você gostaria de compartilhar até os silêncios?

REGISTRE SEUS SEGREDOS AQUI:

abraço TERAPIA!

aproveite para distribuir entre as pessoas que você ama

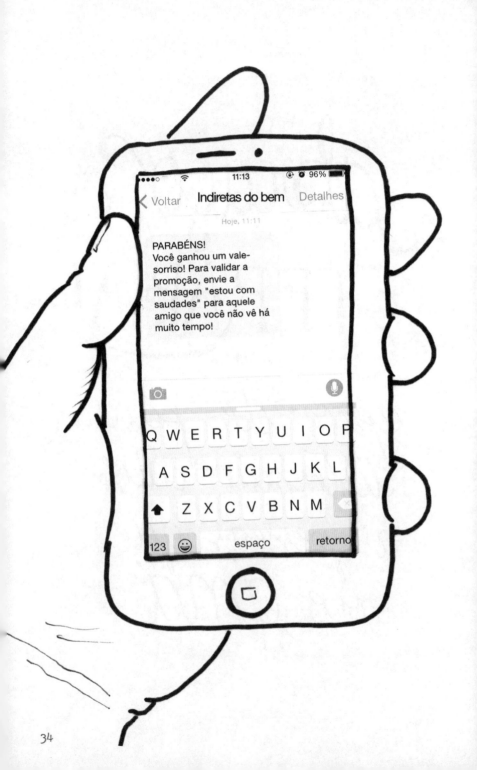

CULTIVE AMIZADES ALÉM DA INTERNET

Cole aqui post-its com recados que você gostaria de mandar por aí :)

A GRATIDÃO
FAZ COISAS
MARAVILHOSAS
ACONTECEREM

Coisas que você ainda quer fazer antes de morrer

- [ ] ....
- [ ] ....
- [ ] ....
- [ ] ....
- [ ] ....
- [ ] ....
- [ ] ....
- [ ] ....
- [ ] ....
- [ ] ....
- [ ] ....
- [ ] ....
- [ ] ....

☐ CACHORRO X GATO ☐

☐ SERIADOS X FILMES ☐

☐ --------- X --------- ☐

☐ --------- X --------- ☐

☐ --------- X --------- ☐

☐ --------- X --------- ☐

☐ --------- X --------- ☐

☐ --------- X --------- ☐

☐ --------- X --------- ☐

Gigil é uma palavra filipina que significa compulsão irresistível de apertar ou beliscar algo que seja muito fofo!

Pratique muito!

Escreva uma carta para aquela pessoa para quem você nunca teve coragem de se declarar.

Faça o rascunho aqui.

Deixe seu dia mais bonito. Encha estas páginas de flores!

Escreva várias vezes aqui o nome da primeira pessoa que passou pela sua cabeça agora:

🎼 Que música te lembra:

Seu melhor amigo

Sua mãe

A escola

O primeiro amor

O último amor

Seu inimigo

Seu filme preferido

Férias

Momentos felizes

Superação

Esperança

Vontade de dançar

Coisas que eu posso fazer para...

...deixar minha casa mais feliz

☐

☐

☐

☐

...deixar meu trabalho mais feliz

☐

☐

☐

☐

...deixar minha escola mais feliz

☐ ....

☐ ....

☐ ....

☐ ....

...deixar minha vizinhança mais feliz

☐ ....

☐ ....

☐ ....

☐ ....

...deixar minha cidade mais feliz

☐ ....

☐ ....

☐ ....

☐ ....

Escreva uma mensagem para alguém que você sempre quis chamar para sair.

Agora pegue o celular e arrisque!

Nunca ame alguém que trata você como uma pessoa comum

• OSCAR WILDE •

Peça para as
pessoas que
você mais gosta
escreverem
bilhetes
para você.

Cole-os aqui.

(cole aqui)

Confesse aqui coisas estranhas que você faz ou de que gosta

(cole aqui)

(cole aqui)

(cole aqui)

···· ·· ··· ·· ·· ··· ·· ·· (cole aqui) ·····················

(agora, se você quiser, cole estas
duas páginas, para não correr
o risco de alguém descobrir.
Ou então compartilhe com a tag
#livrodobem se tiver coragem!)

(cole aqui)

····· ··· ··· ··· ··· ·· ·· (cole aqui) ·····················

O QUE inspira VOCÊ?

E quando nada mais resolver...

RECEITA DA FELICIDADE: BRIGADEIRO!

INGREDIENTES
1 lata de leite condensado
3 colheres de sopa de chocolate em pó
1 colher de sopa de manteiga
1 xícara de chá de chocolate granulado

PREPARO
Coloque o leite condensado, o chocolate em pó e a manteiga em uma panela, misture bem e leve ao fogo baixo. Mexa sempre, até que a mistura se desprenda do fundo da panela - mais ou menos uns dez minutinhos! Tire do fogo e coloque num prato untado com manteiga para esfriar. Depois, com as mãos untadas, enrole as bolinhas e passe-as no granulado. Prontinho! ♡

Depois de pronto, deixe suas digitais de chocolate aqui!

gente que
adoraria
passar horas
NA BANHEIRA.

SEN
...mesmo dep

gente que
divide
as batatinh

gente que
ama o barulhinho
da chuva

Músicas para ouvir num dia chuvoso

* DO I WANNA KNOW? | arctic monkeys
* DON'T SAVE ME | haim
* COME IN WITH THE RAIN | taylor swift
* SOUL MEETS BODY | death cab for cutie
* FELICIDADE | marcelo jeneci
* ROYALS | lorde
* UMBRELLA | rihanna
* LITTLE LION MAN | mumford & sons
* THE LAZY SONG | bruno mars
* RUDE | magic!
* WHEN IT RAINS | paramore
* SET FIRE TO THE RAIN | adele
* FIDELITY | regina spektor
* THE NEXT TIME AROUND | little joy
* ORANGE SKY | alexi murdoch

há beleza mesmo nas Tempestades

Nota para você mesmo: aproveite a chuva e relaxe!

Olhe pela janela agora.
O que você vê?
Fotografe e publique
com a tag #livrodobem

Marque os lugares que você quer conhecer

Wanderlust, ou em português, 'desejo de viajar', é um termo que descreve um forte desejo de caminhar, de ir a qualquer lugar, em uma caminhada que possa levar ao desconhecido, a algo novo, de viajar.

☑ **Faça aqui uma lista com seus planos mais loucos:**

☐ ....

☐ ....

☐ ....

☐ ....

☐ ....

☐ ....

☐ ....

☐ ....

☐ ....

☐ ....

- [ ] ....
- [ ] ....
- [ ] ....
- [ ] ....
- [ ] ....
- [ ] ....
- [ ] ....
- [ ] ....
- [ ] ....
- [ ] ....

Comece hoje mesmo a colocar um deles em prática!

Você se tirou no amigo secreto! Descreva-se para que os outros tentem adivinhar quem você é.

Meu amigo secreto é...

Se sua vida fosse um filme, de qual gênero seria?

- [ ] Ação
- [ ] Animação
- [ ] Aventura
- [ ] Chanchada
- [ ] Cinema catástrofe
- [ ] Comédia
- [ ] Comédia romântica
- [ ] Cult
- [ ] Dança
- [ ] Documentário
- [ ] Drama
- [ ] Espionagem
- [ ] Erótico
- [ ] Fantasia
- [ ] Faroeste
- [ ] Ficção científica
- [ ] Guerra
- [ ] Musical
- [ ] Noir
- [ ] Policial
- [ ] Romance
- [ ] Suspense
- [ ] Terror
- [ ] Trash

Sua vida ganhou um Oscar. Rascunhe seu discurso de agradecimento aqui:

"Talvez nossas citações favoritas digam mais sobre nós do que sobre as histórias e pessoas que citamos."
John Green

Anote aqui citações que dizem muito pra você!

Os livros que mudaram a sua vida são...

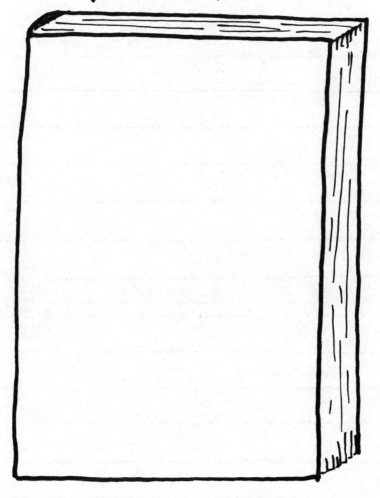

Desenhe outra capa para seu livro favorito aqui

Hora de matar a vontade que sempre consumiu você no colégio: escreva a redação das férias dos seus sonhos!

Minhas Férias

79

Abra o primeiro livro que você encontrar em qualquer página. Agora escreva aqui a primeira frase que você ler!

Qual o seu maior **sonho**?
Escreva aqui como você vai
começar a realizá-lo:

Recorte imagens inspiradoras que você encontrar em revistas antigas e cole aqui :)

· MINHAS ·
inspirações

Coloque para tocar uma música que você gosta muito, mas não tem coragem de assumir.

Desenhe ou escreva aqui
o que vier à cabeça enquanto
ela toca... Fotografe o resultado
e publique com a tag #livrodobem
pra todos verem!

Encha estas páginas de cores
e formas que você goste:

Pare um desconhecido na rua hoje e converse com ele. Descreva o que você mais gostou nele aqui!

(Vale texto, desenho...)

Deixe aqui uma mensagem para o seu personagem favorito

Para:

Assinado:

O que você faria se fosse invisível?

Dê um nome, uma casa e amigos para este dinossauro solitário:

Faça um aviãozinho de papel! Fotografe e publique com a tag #livrodobem pra todo mundo ver! ♡

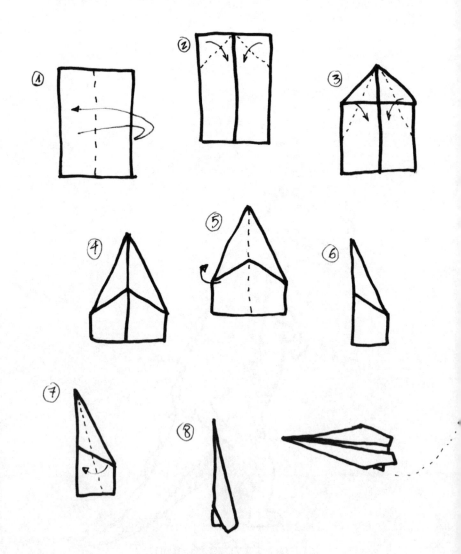

Pare tudo o que você estiver fazendo, prepare uma pipoca e vá ver um filme que você ama.

↑

Desenhe ou descreva sua
cena favorita aqui :)

Qual superpoder você
gostaria de ter?
O que você faria com ele? :)

*Se você pudesse mudar
o final do seu filme favorito,
o que aconteceria?*

cante
& espante
os males

E para combinar com o clima...

RECEITA DA FELICIDADE: BOLINHO DE CHUVA! ♡

INGREDIENTES
2 ovos
2 colheres de açúcar
1 xícara de chá de leite
2 e 1/2 xícaras de farinha de trigo
1 colher de sopa de fermento
   Açúcar e canela

PREPARO
Misture todos os ingredientes até ficar uma massa homogênea.
Deixe aquecer uma panela com bastante óleo para fritar os bolinhos! Quando estiver bem quente comece a colocar colheradas da massa e abaixe o fogo para que o bolinho não fique cru por dentro. Coloque os bolinhos em papel absorvente e depois passe-os no açúcar e canela como quiser. Prontinho!

Depois de pronto, polvilhe canela e açúcar nesta página!

gente que
relembra os
momentos felizes

Músicas para lembrar momentos felizes

- WANNABE | spice girls
- SPACEMAN | the killers
- BEST DAY OF MY LIFE | american authors
- HAPPY | pharrell williams
- BOOM CLAP | charli xcx
- MOVE YOUR FEET | junior senior
- YOUNG BLOOD | the naked and famous
- THE WAY WE GET BY | spoon
- SING | ed sheeran
- I'M A BELIEVER | smash mouth
- RAISE YOUR GLASS | pink
- LISZTOMANIA | phoenix
- SHAKE IT OFF | taylor swift
- HEY YA | outkast
- ABC | jackson five
- LOVE ON TOP | beyoncé

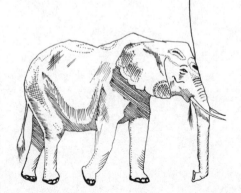

Quando era criança, você não vivia sem...

*Você lembra como era
o seu amigo imaginário?
Desenhe-o aqui.*

Se não tiver, invente um agora! :)

> Escreva uma carta para seu eu de 10 anos atrás.

Este espaço é para os melhores conselhos que você já recebeu. Reproduza-os aqui com carinho.

"

Transforme o melhor momento do seu dia em uma
HISTÓRIA EM QUADRINHOS

Fotografe e publique com a tag #livrodobem

Espaço reservado para você encher de boas lembranças da vida.

Existem muitos pensamentos na sua cabeça neste momento.

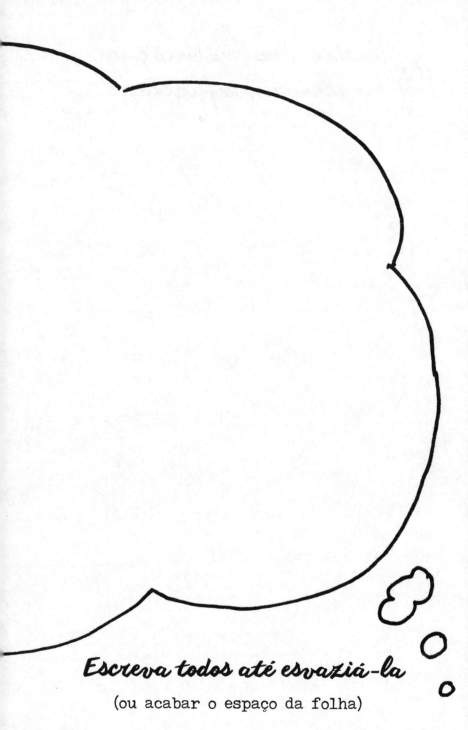

Escreva todos até esvaziá-la
(ou acabar o espaço da folha)

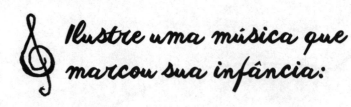
Ilustre uma música que marcou sua infância:

Tudo passa, é verdade. Mas sempre aprendemos alguma coisa e restam doces lembranças. O que faz você recordar...

Do seu primeiro beijo?

De uma viagem inesquecível?

De um passeio de bicicleta?

De um fora que você não superou?

De um livro muito marcante?

De um encontro inesperado?

Qual o melhor conselho que você já deu?

Pratique você também!

Tente descrever aqui os barulhos que você ouve agora à sua volta

Coloque uma flor que você encontrar pelo caminho para secar nesta página

Mate as saudades de um amigo que você não vê há muito tempo e convide-o para jantar, almoçar ou tomar um lanche. Anote aqui o que aconteceu para você lembrar depois. Faça isso sempre!

Encontrei ....

Dia ....

Às ....

Fomos ....

E foi assim: ....

Na língua Yagan, da Terra do Fogo, *Mamihlapinatapei* é um olhar trocado entre duas pessoas no qual cada uma espera que a outra tome a iniciativa de algo que os dois desejam, mas nenhuma quer começar ou sugerir.

Visite a história
da página 31
e conte como se
sentiu! :)

Observe uma pessoa na rua. Invente uma história digna de Hollywood para ela e conte aqui:

Se a sua casa estivesse pegando fogo, o que você salvaria hoje?

Borrife nesta página um perfume que te lembre bons momentos ♡

O PASSADO é lugar de ... referência ... não de residência

Conte aqui como foi o último sonho de que você se lembra.

Pode ser em texto ou em desenho!

As melhores comidas do mundo

Encha a lista (e a barriga) de coisas que você gosta:

- ☐ Coxinha
- ☐ Pão de queijo
- ☐ Tapioca
- ☐ Paçoca
- ☐ Brigadeiro
- ☐ Nutella

Desenhe aqui seus amigos, fotografe e publique com a tag #livrodobem

*Separe cinco minutos
para olhar o céu lá fora*

Uma mente livre tem mais espaço pra sonhar

Compartilhe aqui seus medos até esvaziar a cabeça!

Não precisa correr.
é só não parar

Escreva aqui as músicas que mudaram sua vida.

Como foi a primeira vez que você ouviu sua banda favorita?

Música

Banda

História

↑

*Hoje é dia de voltar
à infância. Coma seu
doce preferido e cole a
embalagem aqui!*

Conte aqui os momentos que você adoraria fotografar para não esquecer jamais mas ainda não conseguiu:

Descobrir um bom filme pode mudar o dia de alguém. Liste seus filmes favoritos aqui, fotografe e publique com a tag
#livrodobem

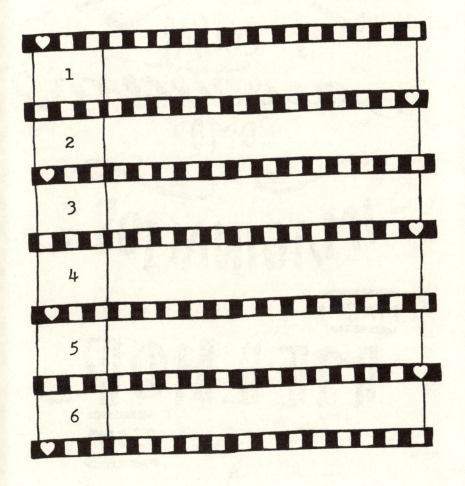

Quem sabe alguém se apaixona por eles também? ♡

NEM SEMPRE AS COISAS acontecem COMO IMAGINAMOS MAS É MELHOR ASSIM

E para matar as saudades da infância...

RECEITA DA FELICIDADE: BOLO DE FUBÁ!

INGREDIENTES
3 ovos inteiros
2 xícaras de chá de açúcar
2 xícaras de chá de fubá
3 colheres de sopa rasa de farinha de trigo
$1/2$ copo tipo americano de óleo
1 copo de leite
1 colher de sopa de fermento em pó

PREPARO
Bata tudo no liquidificador, coloque em uma forma untada e com farinha. Leve ao forno quente, por cerca de 40 minutos. Prontinho!

gente que
valoriza
Bilhetes
ESCRITOS
A MÃO.

gente que
sorri até com o
coração partido

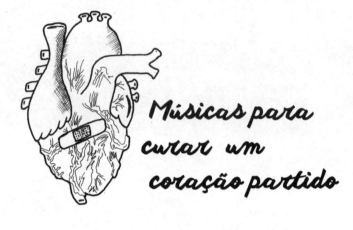

Músicas para curar um coração partido

* CRY ME A RIVER | justin timberlake
* LOVE YOU LIKE A LOVE SONG | selena gomez
* CALL IT WHAT YOU WANT | foster the people
* SINCE U BEEN GONE | kelly clarkson
* PAYPHONE | maroon 5
* DON'T SPEAK | no doubt
* FUCK YOU | lily allen
* ROAR | katy perry
* SOMEBODY THAT I USED TO KNOW | gotye feat. kimbra
* SURVIVOR | destiny's child
* WE ARE NEVER EVER GETTING BACK TOGETHER | taylor swift
* GONE, GONE, GONE | phillip phillips
* CHASING CARS | snow patrol
* LOVE WILL TEAR US APART | joy division
* LET IT GO | demi lovato

O ÚNICO RESPONSÁVEL PELA SUA *felicidade* É VOCÊ MESMO

Qual música está tocando na sua mente agora?

No jogo da vida, se você ganhasse uma chance de tentar de novo, para que momento você voltaria **AGORA?**

Feche os olhos e escreva o que vier à mente:

FELICIDADE

vem de dentro

Escreva nesta página
as coisas das quais você
precisa desapegar...

↓

↑

(E pare de pensar nelas!)

O TEMPO NOS TORNA MAIS corajosos

Fleetwood Mac
♪ Landslide

Escreva nesta página
o que você mais ama
em si mesmo

(não precisa ser modesto não,
seu segredo está guardado!)

Coisas que eu gosto de fazer quando estou sozinho

Serendipidade significa descoberta afortunada. Sabe quando você encontra algo bom que não estava procurando? Então!

Espaço reservado para eventos afortunados. Deixe aqui uma lembrança dos encontros mais incríveis que você já teve por acaso.

Comece o dia com um bom café da manhã e agradeça pelas coisas boas que você tem :)

Pegue agora um pincel e desenhe com café preto o que você gosta de comer para começar o dia.

EU QUERO

−	+
Reclamação	Atitude
Caretas	Sorrisos
Procrastinação	Ação
Planejamento	Prática
Preocupações	Esperança
Dúvidas	Fé
Insegurança	Confiança
Ódio	Amor
Tristeza	Alegria

SORRIA! VOCÊ ESTÁ SENDO FILMADO :)

Sorria também quando não houver câmeras. O sorriso atrai coisas boas e deixa os dias mais leves. ♡

Quem tem amigos tem tudo! Cole aqui a foto dos seus melhores amigos.

Liste aqui suas qualidades e características boas (que todo mundo fala sempre sobre você)

ACREDITE: VOCÊ É INCRÍVEL. VOCÊ É ÚNICO!

Comece hoje algo que você sempre teve vontade de fazer e nunca teve coragem

Hoje, dia __/__/__, comecei a _____
_____ e me senti_____

Hoje, dia __/__/__, comecei a _____
_____ e me senti_____

Hoje, dia __/__/__, comecei a _____
_____ e me senti_____

Hoje, dia __/__/__, comecei a _____
_____ e me senti_____

Hoje, dia __/__/__, comecei a _____
_____ e me senti_____

Hoje, dia __/__/__, comecei a _____
_____ e me senti_____

Se meu dia tivesse...	Eu faria...
12 horas a mais	
11 horas a mais	
10 horas a mais	
9 horas a mais	
8 horas a mais	
7 horas a mais	
6 horas a mais	
5 horas a mais	
4 horas a mais	
3 horas a mais	
2 horas a mais	
1 hora a mais	
30 minutos a mais	
15 minutos a mais	
1 minuto a mais	

SEJA CORAJOSO

Escreva aqui uma música que você ama mas nunca soube cantar direito.

(pode escrever do seu jeitinho mesmo,
a gente não tá aqui pra julgar)

TRUQUES PARA FAZER MEUS AMIGOS SORRIREM

Não existe nada mais aconchegante que uma bebida quentinha ♡

Fotografe sua caneca favorita e publique com a tag
#livrodobem

Nem sempre desistir
é sinal de fraqueza.
Às vezes, é preciso
ser muito forte
para deixar ir.

*Se você pudesse escolher,
quem seria hoje?
E com quem gostaria de estar?*

Faça o BEM e a vida LHE sorri

Coisas bobas que me fazem sorrir

Lista de compras

Coloque aqui itens que você gostaria de comprar no mercado:

- amor
- paciência
- dias de folga
- tempo
-
-
-
-
-
-
-
-
-
-

Aproveite esse tempo
da maneira que você quiser ♡

nós aceitamos

o *Amor* que

acreditamos

merecer

Stephen Chbosky

Boost de produtividade! Fotografe seus pets ou outros animaizinhos fofos e marque com a tag #livrodobem

Visite livrodobem.com *para conhecer todos os bichinhos fofos dos outros leitores.* ♡

Liste as músicas que você mais gosta de ouvir na hora de se animar! Tire uma foto e compartilhe com a tag #livrodobem para que todo mundo possa ouvir também ♡

DO QUE VOCÊ PRECISA?

hoje

caso não precise de nada disso, compartilhe com um amigo.

- CORAGEM
- PAIXÃO
- FOCO
- FRANQUEZA
- CARINHO
- GRATIDÃO
- SORRISOS
- ABRAÇOS
- FÉ
- AMOR
- AMOR PRÓPRIO
- FORÇA

MUDAR CAUSA ESTRESSE.
MAS FAZ BEM.

↑

**Tente algo novo hoje.
Conte aqui como foi.**

Se você
não amar
a si mesmo,
Como poderá
amar outras
pessoas?

RuPaul

E para adoçar seu dia...

RECEITA DA FELICIDADE: COOKIES!

INGREDIENTES

- 125g de manteiga sem sal
- 3/4 xícara de açúcar
- 1/2 xícara de açúcar mascavo
- 1 ovo
- 1 3/4 xícara de farinha de trigo
- 1 colher de chá de fermento em pó
- 300g de chocolate meio amargo picado
- 1 colher de chá de essência de baunilha

PREPARO

Em uma batedeira ou mesmo à mão, misture a manteiga, o açúcar mascavo, o açúcar comum e a essência de baunilha. Depois, adicione o ovo batido aos poucos e misture bem. Coloque a farinha aos poucos e continue misturando, não perca o ritmo! Por último, adicione o fermento e o chocolate picado para finalizar a massa.

Faça pequenas bolinhas com as mãos e leve para assar em forno preaquecido, sobre papel manteiga, por aproximadamente 15 a 20 minutos no forno a 250°C. Dica: os cookies se esparramam pelo forno, então faça bolinhas pequenas para evitar os super cookies!

O tempo de forno pode variar um pouquinho para cada aparelho, por isso fique atento para não queimar embaixo ;)

gente que
**ajuda a gente
a esquecer dos**
problemas

Músicas para esquecer dos problemas

* HAKUNA MATATA | o rei leão
* REALLY DON'T CARE | demi lovato
* TWO FINGERS | jake bugg
* JUNK OF THE HEART (HAPPY) | the kooks
* DON'T WORRY, BE HAPPY | bobby mcferrin
* PUT YOUR RECORDS ON | corinne bailey rae
* FUCK YOU | cee lo green
* DOG DAYS ARE OVER | florence + the machine
* HOME | edward sharpe & the magnetic zeros
* FEEL GOOD INC | gorillaz
* 99 PROBLEMS | jay z
* BULLETPROOF | la roux
* BEST OF YOU | foo fighters
* SOME NIGHTS | fun.
* SAFE AND SOUND | capital cities

não Leve tudo tão a sério

Encha esta página de palavras que façam você se sentir feliz

Como seria a semana ideal para você? Escreva como seria cada dia dessa semana perfeita.

SEGUNDA	TERÇA	QUARTA

QUINTA	SEXTA	SÁBADO

DOMINGO

Depois, escolha uma atividade e a torne real!

As falhas são oportunidades para você começar de novo sempre.

Rabisque qualquer coisa aqui de olhos fechados.

Depois, aproveite os traços e transforme-os em um desenho.

A gratidão muda tudo

Faça uma lista das coisas mais legais que você já conquistou:

- o --
- o --
- o --
- o --
- o --
- o --
- o --
- o --
- o --
- o --
- o --
- o --

← Revisite-as sempre!

O dia mais feliz da sua vida pode ser hoje. Como ele seria?

0 hora _____

_____

_____

1 hora _____

_____

_____

2 horas_____

_____

_____

3 horas_____

_____

_____

4 horas _____

_____

_____

5 horas _____

_____

_____

6 horas_____

_____

_____

7 horas _____

_____

_____

8 horas_____

_____

_____

9 horas_____

_____

_____

10 horas_____

_____

_____

11 horas _____

12 horas _____

13 horas _____

14 horas _____

15 horas _____

16 horas _____

17 horas _____

18 horas _____

19 horas _____

20 horas _____

21 horas _____

22 horas _____

23 horas _____

23h59 _____

deixe os medos para trás

Escreva nesta página TUDO o que tem *aborrecido você*

AGORA ARRANQUE ESTA PÁGINA.

OLHE PARA O QUE ABORRECE VOCÊ.

RASGUE ESTA PÁGINA COM FORÇA.

JOGUE FORA E

SIGA EM FRENTE NA SUA VIDA!

Não se preocupe.

Tudo sempre se resolve.

Escreva aqui algo que você não aguenta mais ouvir dos outros:

Risque com vontade e desapegue

Pra ser feliz, você não precisa largar tudo. Não precisa enlouquecer e nem fugir daqui. Tudo o que você precisa é de espaço e de um bom papo com o espelho.

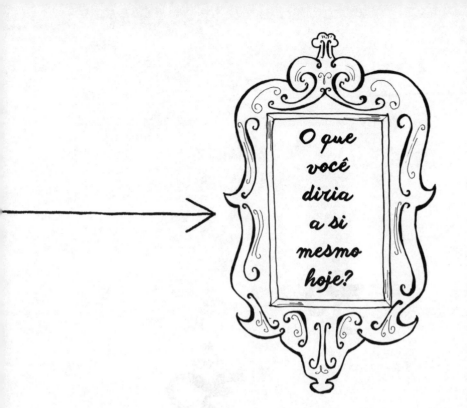

ॐ

ॐ

om

ooooM

↑

*Pratique meditação:
preencha essas páginas
de OOOOMMM*

ॐ

ooom

Coisas que você gosta de fazer para relaxar

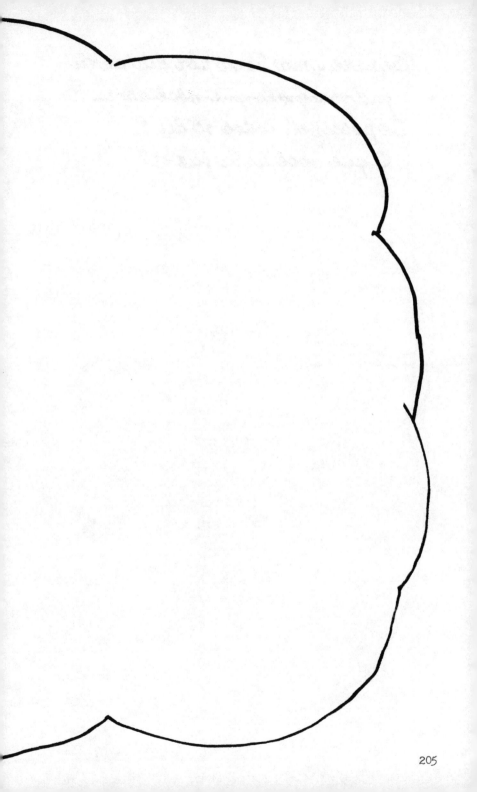

Separe uma hora por dia para fazer aquilo que você ama. Se possível, todos os dias. O que você ama fazer?

FAZER O QUE VOCÊ GOSTA
É LIBERDADE.
GOSTAR DO QUE VOCÊ FAZ
É FELICIDADE.

Tem dias que a gente se sente um peixe fora d'água.
Para essas ocasiões, tenha sempre seu aquário portátil: frases de incentivo.

Você é mais forte do que você pensa.

Cerque-se de pessoas boas com quem você pode contar para receber carinho até quando não for preciso! Coloque os nomes dessas pessoas aqui conforme você for se lembrando delas.

Qual foi a última coisa que te fez rir?

Aproveite a liberdade que você tem!
O que você pretende recomeçar?
Em que precisa de mais autonomia?

Separe alguns minutos para
repensar os seus valores.

A insegurança destrói mais sonhos do que as falhas, sabia? Não dê bola para o que outros falam e pensam e vá em frente!

→

CALENDÁRIO DO SEU HUMOR

Acompanhe seu humor durante um ano, marcando como estão suas emoções a cada dia. Aproveite a cola abaixo:

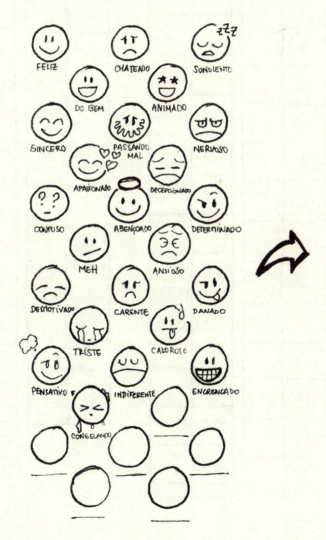

Janeiro

1	
2	
3	
4	
5	
6	
7	
8	
9	
10	
11	
12	
13	
14	
15	

16	
17	
18	
19	
20	
21	
22	
23	
24	
25	
26	
27	
28	
29	
30	
31	

Fevereiro

1	
2	
3	
4	
5	
6	
7	
8	
9	
10	
11	
12	
13	
14	

15	
16	
17	
18	
19	
20	
21	
22	
23	
24	
25	
26	
27	
28	
29	

Março

1		16	
2		17	
3		18	
4		19	
5		20	
6		21	
7		22	
8		23	
9		24	
10		25	
11		26	
12		27	
13		28	
14		29	
15		30	
		31	

Abril

1		16	
2		17	
3		18	
4		19	
5		20	
6		21	
7		22	
8		23	
9		24	
10		25	
11		26	
12		27	
13		28	
14		29	
15		30	

Maio

1		16	
2		17	
3		18	
4		19	
5		20	
6		21	
7		22	
8		23	
9		24	
10		25	
11		26	
12		27	
13		28	
14		29	
15		30	
		31	

Junho

1		16	
2		17	
3		18	
4		19	
5		20	
6		21	
7		22	
8		23	
9		24	
10		25	
11		26	
12		27	
13		28	
14		29	
15		30	

Julho

1		16	
2		17	
3		18	
4		19	
5		20	
6		21	
7		22	
8		23	
9		24	
10		25	
11		26	
12		27	
13		28	
14		29	
15		30	
		31	

Agosto

1		16	
2		17	
3		18	
4		19	
5		20	
6		21	
7		22	
8		23	
9		24	
10		25	
11		26	
12		27	
13		28	
14		29	
15		30	
		31	

Setembro

1		16	
2		17	
3		18	
4		19	
5		20	
6		21	
7		22	
8		23	
9		24	
10		25	
11		26	
12		27	
13		28	
14		29	
15		30	

Outubro

1		16	
2		17	
3		18	
4		19	
5		20	
6		21	
7		22	
8		23	
9		24	
10		25	
11		26	
12		27	
13		28	
14		29	
15		30	
		31	

Novembro

1	
2	
3	
4	
5	
6	
7	
8	
9	
10	
11	
12	
13	
14	
15	

16	
17	
18	
19	
20	
21	
22	
23	
24	
25	
26	
27	
28	
29	
30	

Dezembro

1	
2	
3	
4	
5	
6	
7	
8	
9	
10	
11	
12	
13	
14	
15	

16	
17	
18	
19	
20	
21	
22	
23	
24	
25	
26	
27	
28	
29	
30	
31	

ofereça seu melhor

A VIDA RETRIBUI

E como não poderia faltar...

RECEITA DA FELICIDADE:

(escreva aqui o nome da sua receita especial)

INGREDIENTES

PREPARO

Espaço reservado para você colocar a receita da comida ou do prato que deixa você feliz, ou que você aprendeu a fazer e que deixa as pessoas felizes quando você cozinha para elas. Escreva aqui e compartilhe com a tag #livrodobem para todo mundo aprender também essa receita especial!

Prontinho!

Acesse www.livrodobem.com
para escutar as playlists,
acompanhar a hashtag
#livrodobem e ver o que
todo mundo anda fazendo
e compartilhando com seu
Livro do bem.